AF246169

PLAIDOYER

POUR

L'APPEL AU PEUPLE

ET LE

DROIT DE PÉTITION

Prononcé devant la Cour d'assises de la Seine le 22 Décembre 1849,

DANS L'AFFAIRE

De **Jean Fournier**, ouvrier typographe, et **Jean Hulard**, ouvrier peintre.

PAR

J.-M.-R. Philipon de la Madeleine, avocat,

PRIX : 25 CENTIMES.

Se vend chez tous les libraires au profit desdits ouvriers.

DESLOGES,

Éditeur, rue Saint-André-des-Arts, 39.

PARIS. — 1850.

A la demande de plusieurs personnes, nous publions une édition de ce Plaidoyer, qui a produit une sensation profonde.....

Nous le recommandons à l'attention de tous ceux qui aiment la liberté, et nous appelons leur intérêt sur Fournier et sur Hulard !....

DESLOGES, ÉDITEUR.

Le 23 décembre 1849, *la Gazette de France* s'exprimait en ces termes sur cette plaidoirie :

La cause de l'appel au peuple a remporté aujourd'hui un nouveau triomphe. Une pétition imprimée demandant que la nation fût consultée sur la question de savoir si elle voulait la République démocratique ou la Monarchie représentative, avait été saisie, il y a trois mois, et les propagateurs de cette pétition, M. Fournier, prote d'imprimerie, et M. Hulard, ouvrier décorateur, avaient été jetés en prison à la suite de cette saisie.

Les deux prévenus comparaissaient aujourd'hui devant la Cour d'assises, accusés d'attaques à la Constitution.

Défendus par M. Philipon de la Madeleine, ils ont été acquittés par le jury.

———

Nous donnons le compte-rendu de ce procès, dans lequel M. Philipon de la Madeleine a pris un rang distingué parmi les orateurs du barreau de Paris.

La plupart des journaux de la province ont reproduit cette plaidoirie avec enthousiasme !

C'est que la cause de l'appel au peuple est celle de la France !

C'est qu'il y a désormais un arrêt de la Cour de Paris qui reconnaît, à tout membre du peuple souverain, le droit de présenter une pétition sur cette question : *Que veut la France ?*.....

La Cour d'appel de Paris et le jury de la Seine ont répondu par un acquittement.

———

COUR D'ASSISES DE LA SEINE.

Audience du 21 décembre 1849.

De bonne heure la salle d'audience est envahie par un public avide d'entendre les débats d'une affaire importante dont nous avons souvent entretenu nos lecteurs. On remarque plusieurs personnes de distinction, des magistrats, des journalistes et les notabilités du parti légitimiste.

Entre deux gendarmes est assis Jean Hulard, ancien garde municipal, détenu à la Conciergerie par suite de l'affaire de la rue Rumfort. Sa position au banc des accusés se trouve ainsi expliquée.

Au banc placé devant la barre, réservé aux avocats, sont assis MM. Fournier, prote d'imprimerie, accusé, ainsi que Hulard, d'avoir fait imprimer une pétition demandant l'appel au peuple pour savoir si la France veut la République ou la Monarchie, acte qualifié de délit de presse et d'attaque contre la Constitution de 1848. M. Runquet, imprimeur, est également mis en cause pour avoir prêté ses presses à la perpétration du délit.

M. l'avocat général Gaujal soutient l'accusation.

Me Philipon de la Madeleine doit présenter la défense.

Lecture est faite de l'acte d'accusation de la pétition incriminée, dont la teneur suit :

PÉTITION DEMANDANT L'APPEL AU PEUPLE.

A Messieurs les Représentants de l'Assemblée législative.

« Messieurs,

« Les commerçants et ouvriers de Paris, soussignés,

« Ont l'honneur de vous faire connaître leur ardent désir d'arriver par les voies pacifiques et légales au rétablissement définitif de l'ordre.

« Ils ne reconnaissent pas le droit de l'insurrection;

à leurs yeux tout appel aux armes est coupable. Voulant demander au travail seul le moyen d'assurer leur existence et celle de leur famille, ils maudissent les agitations de la rue, les émeutes et la guerre civile, qui ont toujours pour effet de tarir les sources du crédit et de la prospérité publique.

« Le crédit et la prospérité ne peuvent naître que sous un gouvernement fort, et il n'est fort qu'autant qu'il est national ; il n'est national qu'autant qu'il a été constitué par le vote libre et universel de la nation explicitement consultée.

« Alors seulement cessera la division des partis, qui a fait la faiblesse des gouvernements qui se sont succédé.

« Par ces motifs,

« Les soussignés appellent toute l'attention des Représentants de la France sur la situation générale, et ils les conjurent, au nom de la patrie, de soumettre à tous les citoyens français, d'après les formes qu'ils jugeront les plus propres à obtenir l'universalité des votes, la question de savoir :

« S'ils veulent la *République démocratique* ou la *Monarchie représentative*, basée sur les droits nationaux reconquis en février 1848. »

M. le président procède à l'interrogatoire des accusés.

Les questions les plus nombreuses et les plus pressantes sont adressées à Hulard, puis à Fournier, pour arriver à connaître quels sont les instigateurs et les rédacteurs de cette pétition. Les réponses de Hulard sont nettes et fermes. Il déclare qu'il a entendu user d'un droit réservé aux citoyens, celui de pétition, et qu'il en a conféré avec M. Fournier, ouvrier, prote d'imprimerie. Celui-ci a corrigé et refait en grande partie la pétition incriminée. Fournier, de son côté, répond qu'il assume toute la responsabilité d'un écrit conforme aux principes de liberté, de la démocratie même, et qui rentre, d'ailleurs, dans un ordre d'idées qu'il a professées toute sa vie. Il n'y a eu d'autre instigateur que la vérité, d'autre mobile que l'espoir de voir la fin de la misère où la stagnation des affaires et la disparition du crédit ont plongé tous les ouvriers.

M. Runquet s'excuse sur la bonne foi. Il fait remarquer que si l'on poursuit toujours les imprimeurs, on les met toujours hors de cause.

M. l'avocat général commence ainsi son réquisitoire :

« Nous ne nous dissimulons pas, Messieurs, la gravité de ce procès. On va s'écrier que le droit de pétition est mis en question ; on va dire que l'appel au peuple, refusé aux pétitionnaires, c'est la négation du principe de la souveraineté du peuple ; on vous fera remarquer la rédaction modeste de cette pétition, qui demande tout simplement que l'on déclare, sans cri de guerre, sans violence, sans insurrection, si la France veut être République ou Monarchie. Mais nous préviendrons les arguments de la défense en vous faisant la lecture des articles de la Constitution qui s'appliquent au droit de pétition et à la possibilité de la révision. Puis nous vous demanderons quelle a été l'intention des pétitionnaires. N'ont-ils pas voulu, au moyen d'écrits imprimés, arriver à la destruction du gouvernement républicain ? »

Ici M. l'avocat général discute la forme, l'étendue, le mode d'exercice du droit de pétition. « C'est bien une manifestation de la volonté du peuple souverain, mais elle doit être renfermée dans de justes limites. Il résulte d'ailleurs du droit reconnu par les constituants de réviser la Constitution, que cette révision ne pourra avoir lieu qu'à la fin de la présente législature. D'ici là le droit de pétition, le droit de faire *appel au peuple*, existe toujours, *mais ce droit sommeille*. On ne peut en user sans remettre chaque jour en question le fait de la veille, et sans précipiter le pays dans de nouvelles révolutions. Quant à la pétition, elle perd son caractère par le fait de l'impression et de la distribution, c'est une critique sous forme de libelle. Il suffit d'en faire la lecture à messieurs les jurés. »

M. l'avocat général termine son réquisitoire par un éloge des principes d'ordre et de stabilité qui doivent déterminer tous les bons citoyens à défendre et à maintenir ce qui est aujourd'hui constitué.

M. le président : « La parole est au défenseur. »

Me Philipon de la Madelaine : « Avant tout, Messieurs, je dois m'applaudir de n'avoir point à répondre à des reproches contre les antécédents et l'honorabilité de Fournier que je viens ici défendre. Je regrette même qu'on ne vous ait pas dit que Fournier avait été condamné en 1831 comme légitimiste ! Vous auriez su que c'était un homme fidèle à ses principes, déjà victime une fois et tout prêt à souffrir pour une cause sainte ! Quant à Hulard, sa défense, comme celle de son coaccusé, est dans la discussion même du droit de pétition et du droit dé faire appel au peuple ! Je laisse donc de côté les personnes, et j'aborde la discussion, non pas des faits, ils sont patents et avoués, mais la discussion du droit de pétition.

« Sous la monarchie, rappelez-vous avec quelle liberté, avec quelle licence même, ce droit était exercé ! Voyez comment cela se passe en Angleterre ! Est-il possible d'aller plus loin ? N'a-t-on pas mis en question, sous Louis-Philippe, le mode d'hérédité ? Avez-vous perdu le souvenir des pétitions les plus étranges, les plus infames ? Faut-il vous citer les noms de leurs auteurs, leur but, leur futilité, leur cynisme, leur audace ?..... A quoi bon ? M. l'avocat général veut bien reconnaître avec nous que ce droit est un des plus chers au peuple souverain, et que c'est, sous la République, un droit qu'il faut laisser aux citoyens, mais dans de justes limites. Des limites !... J'appellerai cela des appréciations, et, dès lors, c'est le moyen le plus certain d'étouffer le droit de pétition !... Des appréciations ! Vous m'avez compris, Messieurs les jurés ! Oh ! je m'attendais à rencontrer ici une discussion plus dangereuse sur le point de savoir si une pétition change de nature parce qu'elle est promulguée par voie d'impression... On eût pu vous exposer les savants préceptes de M. l'avocat général de Broë sur le corps du délit en matière de crimes ou de délits, et, peut-être, on fût arrivé à prouver qu'il y a eu l'intention de faire proclamer par la nation qu'elle ne veut pas de la République ! »

Ici le défenseur examine cette question de l'intention

coupable et de l'abus du droit exercé en cette circonstance par d'honnêtes ouvriers, membres du peuple souverain. Cette partie de la plaidoirie semble produire une grande impression dans l'auditoire, et nous regrettons de ne pouvoir en donner ici les termes. Enfin l'orateur arrive à la question de l'appel au peuple!

« Rappelez-vous, dit-il, les rapides événements qui ont signalé *le passage* de ce météore enflammé que l'histoire a nommé la République de 1848. Le 23 février, n'étions-nous pas des citoyens obéissant aux lois de la monarchie, lois tutélaires qui proclamaient le respect d'un roi, le respect de la famille, de la propriété, de la magistrature, lois qui punissaient tout cri de : Vive la République!...

« Nous nous sommes endormis dans ces idées, vous, moi, des millions d'habitants de cette France qui compte 35 millions de citoyens!... Pendant que nous dormions, quelques centaines d'hommes, que le parquet de ce jour, lui, avait nommés des factieux, parcouraient la cité plongée dans les ténèbres, et d'un doigt vengeur, d'une âme irritée, ils désignaient à des milliers de femmes et d'enfants, à des ouvriers pauvres et braves ce palais des Tuileries, déjà violé une fois en 1830!... Puis le lendemain, à notre réveil, nous apprenions que cette dynastie, qui semblait si forte par le nombre, par le courage, par la distinction de ses jeunes princes, était tombée presque sans combat!...

« On nous disait aussi que la République était proclamée, et que le premier cri de : Vive la République! était parti du cœur d'un grand homme, d'un grand poète, monarchique il y a quelques années, monarchique peut-être aujourd'hui!... Mais, il faut aussi le reconnaître, ceux qui, placés à ses côtés, avaient osé porter la main sur le trône de la veille, les membres du gouvernement provisoire, citoyens honnêtes, épouvantés eux-mêmes de leur puissance inattendue, avaient dit, avaient fait placarder sur les murs de la grande ville : *La République est proclamée, mais la nation sera consultée!...*

« C'est ainsi qu'un coup d'audace avait réussi !

« Les ouvriers, combattants victorieux, avaient cru voir poindre à l'horizon l'astre qui féconderait pour eux une terre plus propice, qui réchaufferait un labeur moins ingrat ! C'était l'ère de l'organisation du travail ! c'était la fin de l'exploitation de l'homme par l'homme ! c'était la mise en lumière de théories reconnues depuis impossibles ! c'était l'humiliation de ces classes privilégiées qui exercent sur les travaux une action généreuse et bienfaisante !

« En arrière de ces hommes honnêtes et généreux se tenaient d'autres hommes prêts à répondre aux cris de spoliation et de partage. A ceux-là, on disait : *La propriété, c'est le vol ! La famille, c'est l'égoïsme ! Dieu, c'est le mal !* Puis il y avait encore cette tourbe inepte et lâche qui laisse faire les audacieux. Qu'arriva-t-il ensuite ? Vous le savez ! On vit le plus affreux dévergondage des intérêts matériels : le mépris, le dédain de tout ! La curée des places éveilla tous les appétits ! On ne respecta rien, pas même la magistrature, cette émanation de la justice divine, et qui doit, comme l'Eternel, être déclarée immuable ?

« Les heureux, dans cette guerre, se déclarèrent satisfaits ; et à ceux qui étaient gorgés de tout, après un long jeûne, la République parut être le meilleur des gouvernements.

« Mais tout ne pouvait être ainsi terminé !

« Le Peuple, ce vainqueur désintéressé, avait promis trois mois de misère pour le service de ses nouveaux souverains, pour le triomphe de leurs théories qui devaient assurer le bien-être des populations souffrantes !... Mais ces trois mois écoulés, la misère apparut plus terrible et plus impitoyable ! Ces trois mois durèrent une année, vingt mois !... Ils durent encore !... Pas d'amélioration dans l'industrie ! pas de commerce ! plus de crédit ! plus de confiance ! on vivait au jour le jour ! Puis, après des combats sanglants et effroyables où l'ouvrier des ateliers nationaux succombait... le Choléra, comme le bras du Dieu vengeur qui frappa Ninive et Babylone, s'était appesanti sur la riante cité des arts !

« De ces ténèbres sortaient des cris de désespoir et de détresse ! Chacun se demandait le pourquoi de ces choses. Que répondait-on ? »

M. le président interrompant le défenseur : « Vous faites l'histoire de la révolution de Février, en prenant les choses de votre point de vue ! Veuillez vous renfermer dans les limites de votre défense. »

Mᵉ Philipon de la Madeleine : « De la peinture des misères qu'endure et que souffre encore l'ouvrier parisien, je croyais faire sortir l'explication de la conduite d'Hulard et de Fournier : celui-ci, ouvrier typographe, a perdu ses labeurs par suite de la cessation de tous les travaux que la paix et la stabilité font fleurir.

« Mais, qu'ai-je besoin d'insister davantage sur des tableaux étalés sous vos yeux ?... La détresse de M. Fournier lui-même, ancien professeur de philosophie, correcteur d'imprimerie et ne trouvant même plus de ressources dans ces humbles travaux... sa détresse ne vous dit-elle pas tout ce que j'avais à vous dire des bienfaits que la République, si large dans ses promesses, a réellement apporté aux ouvriers ?

« Je vais m'expliquer sur la question de l'appel au peuple, que depuis quinze années un homme éminent, mort depuis, et un autre publiciste, son digne et noble successeur, ont sans cesse invoqué, et qu'on n'avait pas encore mis en accusation sous le règne de Louis-Philippe. Selon nous, c'est la question brûlante du moment. De là doit sortir le salut de la France !

« La nation devait être consultée, elle n'a pas été consultée !... »

M. l'avocat-général : « Il est de toute évidence que le peuple a été à même de s'expliquer, et qu'aux élections d'avril 1848, il a manifesté sa volonté de conserver la République ! »

Mᵉ Philipon de la Madeleine, d'une voix vibrante : « Vous invoquez les élections d'avril 1848 !... O souvenir néfaste de la faiblesse de cette grande nation, qui accepta le joug et les instructions de ces commissaires nommés vous savez par qui !... par les gouvernants d'alors, dont vous connaissez aujourd'hui le sort !...

O critique déplorable de ce suffrage universel qui n'est pas ici l'expression de la vérité !... Dites-moi, vous, Messieurs, dites, vous qui m'écoutez ! en nommant vos députés, leur avez-vous donné le mandat de proclamer la République ?... Si vous ne leur avez pas donné de mandat spécial pour accomplir un pacte si considérable, je dis, moi, qu'ils ont outrepassé votre volonté et vos ordres. Ils ont acclamé la République !... C'est vrai ; et pour quelques-uns qui mentirent à leurs sentiments, c'est un souvenir plein de tristesse ! Pour d'autres, c'était le loyal désir de faire une 'concession aux volontés actuelles du peuple, mais sous la réserve de faire à ce peuple, proclamé souverain, un nouvel appel !

« De là le droit de réviser la Constitution.

« Ce droit fut reconnu par les membres les plus ardents de la Montagne, qui donnèrent une preuve de la loyauté aventureuse des hommes d'action. Il est des hommes qui ne doutent de rien !

« Ecoutez les partis ! tous veulent l'appel au peuple ! c'est le cri de tous. »

Le défenseur expose avec une verve remarquable les intentions et les espérances de la branche d'Orléans, celles des bonapartistes, celles même des socialistes. Puis il fait tenir ce langage aux partisans du principe de l'hérédité :-

« Nous avons pour nous le droit et l'équité ! Nous ne manquons ni de fermeté, ni de courage !... Nous en faisons preuve alors que nous persistons avec confiance dans notre désir que la nation soit consultée. Si vous avez les souvenirs des exploits de l'Empire, le peuple n'a point perdu la mémoire de Bovines, de Marignan et de Fontenoy ! Nos pères aussi prirent part aux immortelles guerres de l'*Homme du destin !*... Quel drapeau fut plus que le nôtre vainqueur sur les mers ? Par nous la Russie fut contenue, l'Angleterre humiliée, l'Allemagne soumise !... Où en êtes-vous maintenant ?... Sur quelles mers flottent vos pavillons ?... Quel est le chiffre de vos budgets ?... Quels sont vos embarras, vos abaissements, vos désastres ?... Nommez-nous vos hommes d'Etat, vos financiers, vos ambassadeurs !... Vous

avez de bons soldats et de bons généraux, c'est vrai !
Mais les plus renommés sont sortis des écoles que pro-
tégèrent les Bourbons !... Vous avez des orateurs, c'est
vrai, mais à la Chambre il y en aura toujours !

« Vous avez des ministres ! Paix à eux !... Vous avez
un *prince* président, d'un grand cœur et du plus noble
courage, déterminé à faire le bien et à se sacrifier au
salut de la patrie, nous sommes d'accord avec vous sur
sa valeur. Sa valeur ?... Mais quelle sera sa force pour
conjurer de telles calamités ?... Mais le crédit, mais la
prospérité de l'industrie, du commerce et de l'agricul-
ture ; mais le bien-être des masses, qu'en avez-vous
fait ? Oh ! nous le savons : l'ouvrier misérable exhale en
gémissant des regrets mêlés de vagues espérances ! Le
bourgeois épouvanté voit la propriété mise en question,
la famille tournée en ridicule ! Le prêtre, navré de
douleur, courbe devant l'Eternel son front soucieux, car
il entend les cris triomphants des apôtres de l'athéisme
et de la fatalité ! Le magistrat austère rend encore la
justice en se demandant avec anxiété s'il n'a pas à ses
côtés un de ces hommes que produisent les révolutions !

« Partout, plaies, douleurs et ténèbres ! C'est que ces
jours n'ont point de lendemain, c'est que la vieille
chaîne est rompue, c'est que le contrat qui assurait le
travail du peuple à l'abri d'une autorité incontestée a
été brisé ! C'est qu'il n'y a plus d'hérédité, partant plus
de famille ! C'est qu'il y a un régime de faits que d'autres faits peuvent promptement détruire ! C'est qu'il
n'y a plus de foi, de croyances, plus de respect dans
les esprits ! Des croyances ! Regardez quels sont les
doutes et quelle est la faiblesse d'une nation puissante,
qui ne croit plus en elle et qui se laisse imposer ce
qu'elle n'a point voulu, ce qu'elle redoutait le plus au
monde ! Du respect ! Voyez où en sont les choses les
plus saintes ! Oh ! nous disons comme autrefois criait
le vieillard aux impies défenseurs de Jérusalem : Pauvre
France ! pauvre Paris !

« Le salut de notre France est dans l'appel au peuple !...
Sur ce point, entendez-le bien, de savoir si la nation

veut la République ou la Monarchie..... Nous ne vous parlons pas du choix des personnes, parce que si la décision est favorable à la Monarchie, un prince légitime est là! C'est la conséquence des mêmes idées, des mêmes raisonnements; c'est le descendant du premier de vos rois, c'est l'héritier non pas de droit divin, mais par le fait du pacte consenti entre Hugues Capet et le peuple français.

« Voici la situation franchement exposée, fièrement peut-être! loyalement à coup sûr! Si l'appel au peuple donne pour résultat la République, nous courbons la tête et nous sommes soumis aux conséquences du nouveau pacte régulièrement souscrit. Si l'appel au peuple donne pour résultat la Monarchie, vous reconnaîtrez la décision du peuple souverain.

« Mais, dira-t-on, ces déclarations, cette confiance aveugle des partis, prouvent bien que l'agitation, que la guerre civile sont la suite inévitable de cette question de l'appel au peuple! La guerre civile est la conséquence de ce vœu parricide!

« L'agitation! Sommes-nous en repos aujourd'hui? Serons-nous demain en repos? Dites-moi s'il existera jamais anxiété plus grande! Dites! si les élections pour les chambres ont produit le moindre tapage sérieux et la moindre tentative d'insurrection!

« La guerre civile! Ah! vous la redoutez! Moi je frémis à cette seule pensée! Mais est-ce assez que de craindre et de frémir? L'éviterez-vous en prolongeant d'un jour, d'un mois, d'une année, une situation qui, évidemment, doit conduire à des luttes?

« Ecoutez, Messieurs, une voix libre et sincère : Louis-Philippe est tombé à la suite de légers combats qui prouvèrent et sa faiblesse et son usurpation; il est tombé sans amis, sans voir autour de lui des serviteurs fidèles, parce qu'en 1830 il fit ce qui se recommence aujourd'hui, il prit la décision des 221, décision par lui préparée, pour le cri d'assentiment de la nation! Il est tombé pour avoir usurpé, pour n'avoir pas fait un appel loyal et prudent aux désirs du peuple consulté. Votre édifice, replâtré, badigeonné, maintenu par des étais solides, tombera de même. Sa chute prouvera quel est le néant de ces théories soi-disant conservatrices, et qui ne sont que des manifestations du système cauteleux et imprudent des mauvais architectes.

« J'ai fini, Messieurs, et vous avez écouté avec une attention bienveillante ces explications générales que j'ai soumises à vos cœurs de citoyens libres. Vous les pèserez avec impartialité et sagesse, quelle que soit votre opinion et votre manière de voir ou de prévoir.

« Il y a des choses qui dominent l'intérêt que peuvent exciter les accusés. Cependant, un mot sur leur compte en me résumant.

« Le droit de pétition est-il ou non méconnu par l'accusation que soutient ici le ministère public? Je dis que oui! parce qu'il y a eu pétition faite en termes modérés, convenables, pacifiques, légaux! Justice donc pour ces soldats obscurs qui ont voulu défendre une idée, celle de l'appel au peuple.

« L'*appel au peuple*, est-ce une idée coupable entraînant à coup sûr les bouleversements et la destruction de la République? Je vous ai démontré le contraire. Il est écrit dans le droit de réviser la Constitution, qui se trouve consacré par la Constitution. Il est la conséquence inévitable, plus ou moins prochaine, de ce qui s'est passé et de ce qui se passe autour de nous. Il est à chaque instant approuvé par le chef du pouvoir lui-même dont je rappelle ici l'allocution aux préfets. Il est partout, dans les administrations, dans l'armée, dans la flotte. Il est en l'air, il tombera au milieu de vous!

« Et vous voulez qu'on punisse ces ouvriers, cet honnête imprimeur, ce brave Fournier, d'avoir pris l'initiative do l'*appel au peuple!* Punissez donc M. le président de la République! punissez ceux qui l'entourent et qui, depuis deux mois, ne parlent que de cela!

« Tenez, Messieurs, ceci me rappelle cette allégorie du du grand fabuliste.... Pardon mille fois, et pour votre patience et pour la République! Cette fable vous la nnaissez :

Un mal qui répand la terreur,
Mal que le ciel, en sa fureur,
Envoya pour punir les crimes de la terre,
La.....

« Eh bien ! si les forts, si les puissants de notre France ont pu rêver, désirer, provoquer l'appel au peuple, criera-t-on : Haro ! sur ces braves ouvriers ? Les fera-t-on condamner ?... Non, et j'ai la ferme assurance que vous allez prononcer leur acquittement. »

Pendant cette émouvante plaidoirie, qui a excité à plusieurs reprises les passions des auditeurs, deux personnages, à longue barbe, ayant proféré un cri menaçant pour l'honorable défenseur, sont mis à la porte par les agents de la force publique.

M. le président fait, avec son talent ordinaire, un résumé fidèle et impartial des débats.

Le jury rentre dans la salle d'audience après quelques minutes de délibération.

Le chef du jury, d'une voix haute et retentissante, s'écrie : « Non, les accusés ne sont pas coupables ! » Fournier remercie avec effusion son défenseur, qui reçoit les félicitations des membres du barreau et des personnages placés dans l'auditoire.

FIN.

Paris. — Imprimerie de POMMERET et MOREAU, quai des Augustins, 17.

9 782014 062878